Allelia Joy

Leben im Einklang mit dem Kosmos

Allelia Joy

Leben im Einklang mit dem Kosmos

Wake up!

God is Love and you are Love too!

FSC
www.fsc.org
MIX
Papier aus verantwortungsvollen Quellen
Paper from responsible sources
FSC® C105338

1. Auflage

ISBN: 978-3-7693-1301-7

Die Deutsche Nationalbibliothek verzeichnet diese Publikation in der Deutschen Nationalbibliografie; detaillierte bibliografische Daten sind im Internet über www.dnb.de abrufbar.

Buchgestaltung und Cover: www.layart.li
Umschlagmotiv und Bilder © depositphotos.com

Verlag: BoD · Books on Demand GmbH, In de Tarpen 42, 22848 Norderstedt
Druck: Libri Plureos GmbH, Friedensallee 273, 22763 Hamburg

Made in Germany

«Herr, gib mir die Gabe, die Wahrheit hinter dem Schein und meine Rolle im Lebensspiel zu erkennen.»

Kurt Tepperwein

Liebe Leserin, lieber Leser,

Herzlich willkommen! Du hast dich auf den Weg gemacht zu dir selbst. Wir wollen gemeinsam den Weg der Liebe ins Licht, zur Wahrheit und zur Vollkommenheit gehen. Alles, was existiert, ist liebevoll im Einen verborgen, für immer und ewig. Es gibt kein Außen, Innen und Außen sind imaginäre Konzepte. Wir alle sind aufgerufen, aus den Spielen zu erwachen. Solange wir noch schlafen, wie es viele gegenwärtig tun, erscheint die Illusion sehr real und bedrohlich. Wir haben die Spiele und Regeln selbst erfunden, sie sind urteilend und oft nicht liebevoll. Jetzt ist es an der Zeit, sie für alle Zeiten loszulassen.

Gott hat uns vollkommen erschaffen und wir bleiben für immer und ewig perfekt. Die Liebe ist immer mit und bei uns. Erkenne, dass es die eine Liebe gibt, wir sind Liebe und jeder andere auch. Es kann nicht anders sein, denn alles, was existiert, ist in Gott, in der göttlichen Quelle, die alles ist, die DU bist!

Stärke dein inneres Wissen, dass dein Herz im Herzen Gottes schlägt. Stärke dein göttliches Ich, indem du es mit der Kraft der Liebe durchflutest. Sieh dich selbst als bewussten Teil der universellen Lebensoffenbarung. Das Wissen um die All-Einheit des Lebens erfüllt dich mit Zuversicht und Kraft, denn du verbindest dich durch diese Gedanken mit dem göttlichen Lebensprinzip.

Jeder Mensch ist durch seinen göttlichen Wesenskern mit dem Unendlichen verbunden. Die Kraft und die Fülle des Göttlichen sind in ihm, wenn er sich dessen bewusst wird. Durch sein Erwachen verbindet er sich mit der All-Kraft des Ewigen, der göttliche Funke in seiner Seele leuchtet auf und verwandelt ihn in das Ebenbild Gottes. «I am God, God I am!»

Mit den besten Wünschen,
Allelia Joy

Selbstverwirklichung

«Nichts in diesem Universum wird dir sagen können, was du bist. Es ist jenseits von Worten und Gedanken. Mit deinem begrenzten Verstand wirst du nie verstehen, wer du bist. Also versuche es gar nicht erst. Wenn du wirklich aufhörst, darüber nachzudenken, wissen zu wollen, wer du bist, oder zu analysieren, und mit dem Versuch aufhörst, es herauszufinden, dann wird sich die Wahrheit über dich offenbaren. Sie ist jenseits aller Gedanken und Gefühle, die du je hattest. Sie hat absolut nichts mit dir zu tun, nichts mit dem, wie du jetzt bist. Sie ist die Grundlage der gesamten Existenz. Du kannst sie Gott nennen, wenn du magst. Denke nicht an dich selbst als ein getrenntes Wesen, fern von Gott. Weil Gott ist, bist du. Daher bist du das, was Gott ist. Es gibt keine Trennung. Wache auf zu dieser Wahrheit!»

Robert Adams

«Siehe, das ‹Alte› ist vergangen, ich mache alles neu»

Es ist das Ende der Fische-Zeit gekommen, ohne dass die Reife für die nächste Evolutionsstufe erreicht wurde.

Die Menschheit steht vor einem großen Schritt. Unsere grobstoffliche Lebensebene wird sich im nächsten Zeitalter, dem Wassermann, in eine feinstoffliche Welt umwandeln. Am Ende des Fische-Zeitalters und am Beginn des geistig orientierten Wassermann-Zeitalters sollten wir eine Entwicklungsstufe erreicht haben, die uns befähigt, diese innere Kraft zum Wohle für uns und unsere Mitmenschen und der ganzen Schöpfung anzuwenden. Jeder Mensch ist im Besitz der göttlichen Kraft, sie ist grenzenlos, weil sie dem einen Geist entspringt. Sie ist auch unbesiegbar, weil ihre Quelle die reine Liebe ist.

Halte nicht Ausschau nach einem Erlöser, der vom Himmel kommt, um die Menschheit zu retten. Warte auch nicht, bis Regierungen aus dieser Welt eine Stätte gemacht haben, wo es sich frei und schön leben lässt. Mache aus deinem Heim einen Himmel und alle werden sich deinem Lebensweg zuwenden.

Sei immer hilfsbereit und liebevoll, selbstbeherrscht und strebe nach den höchsten Zielen und Idealen. Das ist deine Aufgabe und deine Sendung und andere werden dadurch angeregt, das Gleiche zu tun und so die Welt zu verändern. Auf diese Weise können wir die Welt verwandeln. Segne die Welt durch das Gotteslicht in deinem Herzen.

Lasse alle und alles um dich herum aus deinem Licht den Nutzen ziehen. Lasse alles in dir göttlich sein und unterschätze nie den Wert, den du für die übrige Welt darstellst. Segne die Welt, segne die Menschheit.

Segne die Schöpfung, segne alles und alle. Darum bitte ich dich, ein Segen für die Menschheit und die Welt zu sein.

«Liebet einander. Liebe deinen Nächsten wie dich selbst»

Das Dasein des Menschen in dieser Welt ist nur ein Augenblick in der Ewigkeit, ein Atemzug des Lebens. Wir leben eine kleine Weile in einem menschlichen Körper, der dann vergeht. Somit kehren wir wieder zurück in einen neuen Körper.

Die geistige Entwicklung des Menschen, seine Transformation, Umwandlung, Erneuerung und Erhebung ist das Ziel unseres Lebens. Die Menschen wollen von all ihren Leiden erlöst werden, ohne die eigene geistige Natur zu erkennen, das ist der größte Irrtum. Solange der Mensch lebt und sich stark und gesund fühlt, denkt er nicht an die Ewigkeit und das geistige Leben. Alle Wesen sind vereint durch eine höchste Kraft, die LIEBE!

Wer innerlich liebt, ist größer als der, der aus Egoismus und Eitelkeit nur so tut, als würde er lieben. Jesus kam auf die Erde, um den Menschen den Weg zur Vollkommenheit zu zeigen, was Er mit seinem Leben, seinen Taten und seinen Worten lehrte.

«Liebet einander!» Die Liebe kam in unsere Welt durch Christus, und durch Sein Wirken verwandelte Er Emotionen in Liebe.

«Gott ist Liebe!» Er verkörperte eine große Idee, die Idee, dass Gott Liebe und Liebe die bewegende Kraft des Universums ist. Die Zeit ist gekommen für die ganze Menschheit, dass sie die Wahrheit erfährt, dass Gott die Liebe ist. Gott hat die Menschen nie verlassen, denn Er und die Menschheit sind unzertrennlich.

Glauben wir an die Liebe, dann glauben wir an Gott, weil Gott Liebe ist. Wahre Liebe ist das Wichtigste im Leben eines Menschen. Liebe, Hoffnung und Frieden sind Kräfte, die in unseren Herzen wohnen. Je mehr Liebe du aussendest, desto mehr wird dein Dasein Licht und Freude sein. Die Liebe ist der Schlüssel zum Paradies in deinem Herzen.

Christus ist jene Wesenheit, den wir Christen «Christus» nennen. Im Osten ist Er unter dem Namen «Bodhisattva» und als «Lord Maitreya» bekannt. Er ist der Eine, der bei den Moslems «Iman Madhi» genannt wird. Er ist der «Große Herr der Liebe», ebenso wie sein Vorgänger Buddha der «Herr der Weisheit» war.

Der Christus von vor 2000 Jahren und der Christus im Menschenherzen sind Tatsachen auf diesem Planeten. ER kommt nicht als der allmächtige Gott, wie sich ihn die menschliche Unwissenheit vorstellt, sondern als Christus, als Gründer des Reichs Gottes auf Erden, um das begonnene Werk zu vollenden, um erneut die Göttlichkeit im Menschen zu bekunden. Seit Christus die Welt verließ, blieb Er dennoch bei den Menschen. Er ist in Wirklichkeit nie gegangen, nur aus unserer Wahrnehmung verschwunden.

Die Stimme Christi zeigt der Menschheit den Weg. Er führt heraus aus dem Oberflächlichen und dem Materiellen, aus der Welt der Unwirklichkeit in die Wirklichkeit, in die Liebe.

«ICH BIN der ICH BIN»

«Ich war, ich bin und ich werde immer sein. Ich bin das, was ich immer war. Ich bin das, was immer sein wird. ICH BIN DAS ICH BIN. Ich bin nicht dies. Ich bin nicht das. ICH BIN. In Wirklichkeit gibt es nur ein Ich und dieses Ich ist das Bewusstsein. Wenn wir dem persönlichen Ich zur Quelle folgen, werden wir zum universellen Ich, zum kosmischen Bewusstsein. Ich bin absolute Realität, reines Gewahrsein, das ist meine wahre Natur.» Wir sollen zu uns selbt erwachen, zu reiner

Glückseligkeit und zur Vollkommenheit. Das ist unsere wahre Identität, in genau diesem Augenblick, hier und jetzt. Erforsche, was du wahrhaftig bist, indem du aufhörst, dich mit deinem menschlichen Körper zu identifizieren.

Reagiere nicht mehr auf äußere Begebenheiten und Umstände, sei nur du selbst. Einfach nur zu sein, ist das Höchste, was du tun kannst. Du musst nichts aufgeben, nichts hingeben und nichts loslassen. Du warst und bist schon immer frei, eigentlich hat nie etwas existiert.

Es gibt niemanden, es gibt nur die Eine Realität, und DU BIST DAS.

Den «wahren» Menschen erkennen

Der Mensch ist ein vollkommenes kosmisches Wesen, das seinen Körper gebrauchen kann als Ausdruck des Geistigen im Sichtbaren. Der Mensch ist immer die göttliche Idee, die wissend im Menschen ruht. In dem Maße, wie der innere Mensch erwacht ist, offenbart er auch seine Vollkommenheit und Kraft. Leben ist ein ewiger Fluß, Wechsel und Wandel.

Es ist immer in Bewegung und es ist ein Wandern zwischen zwei Welten, zwischen sichtbarer und unsichtbarer Welt. Der physische Tod ist kein Ende und auch keine endgültige Ruhe, sondern ein Übergang in eine andere Form. Das Paradies, das man uns verspricht, existiert nicht, so wie auch die Hölle nicht. «Das Himmelreich ist inwendig in uns!»

Die großen Wandlungen finden in uns statt, im Menschen drin. Erkennen wir hinter den sichtbaren Dingen die unsichtbaren, hinter der Materie Nichtmaterielles.

Erblühe zum geistigen Wesen, das schon immer war und auch immer sein wird, da du ein Teil der All-Schöpfung bist. Halte inne und spüre die allgegenwärtige Unendlichkeit, denn sie ist dein eigentliches Sein.

«Mein Reich ist nicht von dieser Welt»

Wir sind nicht von der physischen und nicht von der mentalen Welt. Im wahren Reich herrscht Frieden, der vom Verstand und vom Körper nicht erfasst werden kann. Der sterbliche oder fleischliche Geist, der Verstand, besteht nur im Glauben an zwei Mächte. Es gibt jedoch keine zwei Mächte, sondern nur Gott, der sich selbst ausdrückt und über die Materie offenbart.

Es gibt keinen Unterschied zwischen mir und dir und solange du dich über ein Ich und

Du definierst, befindest du dich außerhalb des Reiches Gottes. Wir brauchen nichts von Gott, denn alles, was Gott ist, bin ich und alles, was der Vater hat, ist mein, denn wir sind EINS, untrennbar und unteilbar EINS.

In diesem Bewusstsein gibt es nur das Sein, keine Ursache und Wirkung, kein Gut oder Schlecht, nur das vollkommene, wahre Sein. Wir leben durch die Gnade Gottes, nicht durch Macht oder Gewalt, sondern durch den göttlichen Geist.

Gnade ist ein voller, freier, ununterbrochener Strom Seines eigenen Wesens. Die einzige Gabe, die wir je erhalten können, ist die Gabe Gottes, Seiner Selbst.

Gott entfaltet, erschließt und offenbart sich selbst als unser individuelles Sein und Wesen. Geist ist ALLES. Geist ist überall, Geist ist die eine allwissende Intelligenz und die eine Gegenwart.

«Du wirst die Wahrheit erkennen und sie wird dich frei machen»

Ein Wissen, das aus der Wahrheit fließt, ist wahres Wissen. Es gibt nur eine Wahrheit, in dieser Wahrheit, was das grenzenlose Licht ist: ewige Liebe, Vollkommenheit und reines Bewusstsein.

Öffne dein Denken, erweitere deinen Horizont, damit du die eine Wahrheit erkennen kannst. Es gibt nur eine Wahrheit, ER ist das EINE ohne ein Zweites. Der Geist der Wahrheit lebt im Hier und Jetzt, weil die göttliche Wahrheit nichts anderes als das Hier und Jetzt ist! Die ganze Welt ist eine Manifestation der einen göttlichen Seele.

Die wahre Liebe ist das Licht der Seele. Glück und Unglück, Hoffnung und Hoffnungslosigkeit, Leben oder Tod gehören nicht zu dir. Es sind Zustände, sie kommen und gehen, und du bist stets der Beobachter von diesen Stimmungen.

Geht das Leben weiter? Was nach dem Sterben sein wird, kann niemand sagen. Es ist defintitiv eine gute Entscheidung, die Außenwelt als etwas Illusorisches und Vergängliches zu akzeptieren. Der Verstand und die Gedanken bleiben gerne am Äußeren und an den Illusionen kleben, aber nichts ist wahr!

«Ich und der Vater sind eins»

«O Gott aus Gott, aus Dem und
durch Den und zu Dem alle Dinge sind.
Wir loben und preisen Deinen Namen bis in
alle Ewigkeit.»

Alle sind eins mit Gott. Tief in jedem von uns steckt das Wissen, dass wir ewige göttliche Wesen sind. Wir haben uns auf die Trennung eingelassen und das Wissen aus den Augen verloren oder vergessen. Wir suchen in den Wissenschaften und bei religiösen Institutionen nach Antworten, um herauszufinden, woher wir kommen und was wir sind.

Wir alle werden uns wieder erinnern, denn wir können diese Spiele nicht ewig spielen. Es ist nur eine vorübergehende Ablenkung von der vollen Bewusstheit unserer wahren und ewigen Natur. Der Moment für das Erwachen in dieses Bewusstsein steht uns allen bevor. Wir werden erkennen, dass Liebe ist, was und wer wir sind. Wir werden in Frieden mit uns sein und Gottes Willen in Vollkommenheit erfüllen. Wir sind alle göttliche Schöpfungen, die untrennbar eins mit der Quelle sind. Also liebe!

Indem wir uns dessen immer bewusster werden, löst sich jedes Verlangen, uns selbst oder andere für Fehler, Irrtümer und Boshaftigkeiten zu verurteilen und zu bestrafen. Schmerz und Leid sind unnötig, aber viele Menschen erleben sie regelmäßig, weil sie glauben, diese seien unvermeidlich in ihrem Dasein.

Es gibt KEINE Missgeschicke oder Unfälle und es gibt KEINE Opfer. Jede Erfahrung ist frei gewählt für die Lektionen, die sie uns bietet in der Unwirklichkeit des «illusorischen Spiels».

«Wir kommen aus dem Herzen Gottes
und kehren ins Herz Gottes zurück. Neige
dich vertrauensvoll IHM zu.»

«Der Anfang und das Ende, o Herr, sind Dein»

Von Inkarnation zu Inkarnation bewegt sich unser Leben. Auf der Wanderung durch das Erdenleben gibt es keinen Stillstand, denn alles fließt. Unsere Geburt ist der Anfang einer kurzen Strecke des Hinwanderns zur nächsten Daseinsstufe und der Tod ist die Geburt in die geistigen Welten.

Unsere Wanderung führt über viele Seins-Bereiche und auf diesem Weg offenbart sich das gottgedachte Menschsein. Kurz ist die Zeit auf diesem Planeten, darum nütze die

Zeit sinnvoll und wegweisend. Es sind noch viele Schlafende, die Sicherheit im Materiellen suchen und glauben, ewig an die Erde gebunden zu sein. Sicherheit und Wahrheit finden wir nur im eigenen Herzen, bei IHM.

Wer IHN findet, ist zum Urgrund seines Seins vorgedrungen und hat den Sinn des Lebens erkannt. In der Stille und in der Ruhe erreichen wir IHN, Der immer bei uns ist. ER lässt uns nicht allein inmitten der Stürme, der Unvernunft und Blindheit.

Die Botschaft der Liebe

«Das Göttliche kann nur mithilfe der Liebe erkannt werden.»

Universelle Liebe sagt vorbehaltlos Ja zum Leben, zur Erde, zur Natur, zu Tieren und Pflanzen. Das Gefühl der Liebe und der Hingabe befindet sich in allen Menschen. Gegenwärtig ist dieses Gefühl der Liebe vielfach irregeleitet, verdeckt von Hass, Druck und Stress, Gleichgültigkeit, Egoismus und Boshaftigkeit. Die heutige Zeit ist eine entscheidungsvolle Zeit im Leben der Menschheit. Wir sehen einen gewaltigen Kampf in allen Elementen und Kräften.

Nicht die Religionen werden sich zusammentun, denn ihre Unterschiede sind zu groß. Es werden die Menschen sein, die sich unter dem Gesetz der Liebe, der Gerechtigkeit und der Wahrheit vereinen. Die Menschheit ist weit entfernt vom wahren Weg. Die Zeit ist gekommen für die ganze Menschheit, dass sie die Wahrheit erfährt und wissen kann, dass Gott die Liebe ist.

In Seiner vollkommenen Gerechtigkeit wird Er sie alle vereinigen und nicht zulassen, dass ein Einziger verloren geht. Wir haben von Ihm nie eine bestimmte Religion erhalten, sondern das Gesetz der Liebe. «Liebet einander!» Alle Geistwesen sind vereint durch eine höchste Kraft, die da ist, LIEBE.

Gott hat die Menschheit nie verlassen. Sie muss verstehen lernen, dass die geistigen Güter unentbehrlich sind im Leben des Menschen, Güter, die nicht mit Geld, sondern nur durch

Vergeistigung erworben werden können. Nur Vergeistigung kann die Menschheit vor dem Chaos dieser Welt retten. Die Religion der Liebe unterscheidet sich von allen anderen Religionen. Denn nur Gott ist das einzige Bekenntnis der Gemeinschaft der Liebenden!

Der Sinneswandel hin zur Spiritualität wird Brüderlichkeit unter den Menschen herbeiführen. Die göttliche Liebe sagt: «Frieden den Menschen, die guten Willens sind, die die Wahrheit lieben und den Samen der Liebe in die Welt säen.»

Die Lehre Christi ist ihrem Wesen nach spirituell, sie ist Licht und Kraft. Sie dringt tief in die Seele ein, sie reinigt dein Herz und klärt deinen Verstand.

Die Auferstehung Christi bedeutet, dass Christus zurückkehrt im Geiste in alle Menschenherzen, nicht auf einer Wolke. Er ist hier, um die Unwissenheit der Menschen zu durchleuchten, sie vom Egoismus zu befreien und um den göttlichen Plan voranzutreiben und zu erfüllen. Der Christus ist das wahre

Selbst. Er ist die Offenbarung der Wahrheit, der Geist, der in deinem Körper erwacht ist. Er ist der Christus in dir und du wirst aufgefordert, zu IHM zu erwachen. Christus ist die Liebe und das Licht in dir.

Du bist hier, um zu entdecken, dass die Quelle der Liebe in deinem wahren Bewusstsein ist. «ICH BIN das Leben, ICH BIN die Wahrheit und ICH BIN die Auferstehung. ICH habe die Welt überwunden. LIEBET EINANDER.»

Die Welt ist aus Liebe erschaffen

Die Welt ist voller Uneinigkeit und Ruhelosigkeit, von Kriegen, Problemen, Sorgen, Elend und Nöten, weil die Liebe durch Unwissenheit aus dem menschlichen Leben verbannt wurde. Wo Liebe ist, herrschen Harmonie, Glück, schöpferisches Wirken, Fortschritt, Wohlergehen und wahre Erfüllung.

Wo Liebe ist, da ist Weisheit, Geduld, Gesundheit, wahre Kraft und Freiheit. Die Liebe verfügt über eine Weisheit, die jedes Problem zu lösen vermag. Sie hat große Geduld und sie kann warten. Die Liebe ist von königlicher Würde, tapfer im Geist, unzerstörbar im Wesen, von göttlicher Natur. Liebe klagt nicht und richtet nicht. Sie beherrscht alles, worauf sie ihr Licht ergießt. Sie ist voll Verständnis und Entgegenkommen. Die Liebe verfügt über unerschöpfliche Quellen und Kräfte. Die Liebe ist das Licht der Welt. Die Liebe nimmt die Welt mit dem Herzen Gottes wahr, sie sieht die Welt durch die Augen Gottes. So ist es!

Liebe ist nichts, wonach wir suchen müssen, denn sie ist, was wir wahrhaftig sind. Die Welt von morgen wird eine Welt des Lichts und der Liebe sein. Liebe dich selbst, respektiere und wertschätze dich selbst. Liebe, wer du bist, liebe das Leben. Siehe die andere Person nicht anders als dich selbst, versuche, deinem Gegenüber stets freundlich und respektvoll zu begegnen.

Siehe die Einheit zwischen allen Wesen des Himmels und der Erde. Die universelle Liebe lässt dich wachsen, sie befreit dich von deinen Fehlsichten. Die Liebe, die in dir wohnt, ist nicht eine Liebe der Gefühle und Emotionen, sie ist wahre Liebe, bedingungslos. Diese universelle Liebe schränkt nichts ein und sie erwartet auch nichts, sie gibt.

Versuche, diese Liebe in dir zu entwickeln, dir bewusst zu werden, dass sie die wahre Realität des Lebens ist. Diese Liebe ist dein eigenes Licht, das die Dunkelheit auflösen kann. Wahre Liebe schenkt sich ständig und wartet nicht auf eine Gegenleistung. Je mehr du liebst, desto glücklicher wirst du dich fühlen. Es gibt nur die eine Liebe. Alles, was nicht in Übereinstimmung mit der Liebe ist, ist unwirklich, es existiert nicht und kann nicht existieren.

Der schmale Weg

«Es gibt einen Weg, eng und schmal, der zum ewigen Leben führt.»

Der schmale Weg ist der Weg geistiger Inspiration, Erleuchtung und Offenbarung. Es ist der Weg des Friedens, des Glücks und der Fülle.

Keiner kann den schmalen Weg erkennen ohne LIEBE. Das Herz ist der Ort, wo die Liebe ist, und es erfordert die Liebe des Herzens, um Gott, die Wirklichkeit und die Wahrheit zu sehen und zu erkennen. Nur die Liebe kann den schmalen Weg gehen. Das HERZ hat Gott im Auge, das vollkommene Sein und die vollkommene Offenbarwerdung.

Das Herz weiß, dass Gott auf ewig sein einziges Leben und sein einziges Sein ist. Erleuchtung kommt nicht über das Mentale, sondern durch die LIEBE des Herzens.

Der mentale Weg ist der schwere Weg, der duale, mühsame, krankhafte und schmerzvolle Weg. Der mentale Weg führt nie zum schmalen Weg, noch kann er der schmale Weg werden.

Es gibt einen Weg, weit und breit, der zu Problemen, Trübsal und Tod führt. Jeder muss sich selbst entscheiden, welchen Weg er einschlagen möchte. Auf dem breiten Weg identifiziert man sich mit allem Menschlichen, wie menschlicher Sünde, Eigenwillen, Lehrsätzen, Ängsten, Gesundheit, Reichtum, Bedürfnissen und Heilsystemen.

Auf dem breiten Weg folgen wir Führern, Lehrern und Meistern. Wir sind uns selbst nie das Licht und die Wahrheit. Unser Wunsch ist es, dem Menschen zu dienen, zu heilen und die Welt zu retten. Der Mensch kann den Menschen jedoch niemals retten. Selbst Jesus hat die Welt nicht gerettet und geheilt, noch kann es ein anderer tun. Jeder muss für sich selbst nehmen und empfangen. Jeder muss sich durch seine Liebe und sein inneres Licht selbst retten. Jeden Augenblick können wir auf den schmalen Weg gelangen, der allein unser Herz und unsere Seele angeht.

Der schmale Weg ist der Weg des Herzens und der breite Weg ist der Weg des menschlichen Lebens und Denkens. Wir müssen das Unwirkliche und das Unwahre für das Wahre und das Wirkliche verlassen, wenn wir uns je auf dem engen und schmalen Weg befinden wollen. Sei, was du wirklich bist – das eine ewige Sein.

Finde Gott in dir selbst, als reines Bewusstsein, dann verschwinden die Träume und der, der Träume hat. Der absolute Weg ist der Christus-Weg. ER IST ICH BIN.

Das Atman-Bewusstsein

Das Atman-Bewusstsein ist unsere wahre Identität, die unerkannt in uns schlummert und die Erfüllungsebene darstellt, aus der heraus wir ganz bewusst Schöpfer unserer Lebensumstände sind.

Es ist Tatsache, dass das Leben einfach und schön sein kann. Es ist nur ein Schritt, um zu uns selbst zu erwachen und endlich unser Potenzial zu leben, zu verwirklichen und zu entfalten. Du bist der Atman, du bist die unsterbliche, ewige Seele. Der ganze Sinn und

Zweck deines Körpers besteht darin, dass du Selbst-Erkenntnis, Selbst-Bewusstsein erlangst. Nur die Seele kann Glückseligkeit dadurch erreichen, dass sie den Atman verwirklicht. Alles Glück kommt von Atman.

Der Atman ist die unsichtbare Grundlage, das wahre Selbst, die dem Menschen innewohnende Göttlichkeit, die Seele. Er ist der göttliche Funke im Inneren des Menschen. Er ist von Natur aus frei von jeglicher Bindung. Er handelt nicht, noch besitzt Er eigene Bedürfnisse oder Besitztümer.

Er kennt kein «ich» oder «mein». Der Atman ist unsterblich. Er vergeht nicht, Er ist die wesenhafte Wirklichkeit des Individuums, der Zeuge, unberührt von Zeit und Raum, der innewohnende Geist, das Geheimnis jenseits der körperlichen Ebene.

Der kosmische Mensch

Der kosmische Mensch bewegt sich außerhalb von Raum und Zeit. Er ist eins mit Raum und Zeit. Er ist im Einklang mit Gott oder der Quelle und er ist sich bewusst, dass er eins ist mit dem Wissen der Einheit. Die Einheit ist bewusst gelebtes Wissen. Wissen ist ein liebenswerter Umgang mit der Einheit. Das Wissen der Einheit kommt aus der Mitte und lässt keine Fragen offen.

Wissen ist die Liebe der Quelle im bewussten Tun. Liebe ist, die dich wachsen lässt zum kosmischen Menschen. Liebe ist, die uns alle verbindet.

Die Quelle ist der Anfang und das Ende. Die Quelle bist du und dein Gegenüber, alles ist eins. Jeder Austausch findet zur Freude aus der Quelle statt und WIR sind diese Freude. Die Quelle hat sich ins Universum geboren, um Quellen zu schaffen, die sich in Freude austauschen können. WIR sind diese Quelle. Bewusstsein ist nicht etwas, das du suchen musst, es ist in dir. Dein Bewusstsein wird vollkommen sein, wenn du ein kosmischer Mensch bist.

Bewusstsein ist unendlich, grenzenlos und entspringt der Liebe der Quelle. Das ist es, was das Bewusstsein des kosmischen Menschen ausmacht: die Liebe als einzig wahre Existenz!

Ausklang

«Evolution ist nichts anderes als der Prozess, sich daran zu erinnern, dass einzig Gott ist.»

Die Menschheit versteht noch nicht, was mit der Welt geschieht. Das Alte muss zerbröckeln, bevor es durch etwas Besseres ersetzt werden kann. Jeder Mensch sucht nach Glück und dem Gefühl der Ganzheit, was jedoch nur dauerhaft sein kann, wenn er die bewusste Erkenntnis seines Einssein mit der Quelle erlangt. Er versteht nicht, dass Glück und Ganzheit einen Bewusstseinsstatus widerspiegeln und nicht irgendetwas «dort draußen» sind, das man erhalten kann. Da sie das nicht wissen, verbringen die meisten ihr Leben mit der ständigen Suche nach allem, von dem sie glauben, dass es ihnen Glück und Ganzheit bringen werde.

Die Menschen sind auf der Suche nach einer schnellen Lösung für ihre Probleme, die es aber so nicht gibt. Darum beginne mit Freude und Hingabe, auf die kleine Stimme in dir zu hören, anstatt ständig Dinge zu hinterfragen und außerhalb von dir zu suchen. Handle und lebe von deiner höchsten Bewusstseinsebene aus, denn du bist schon immer individualisiertes GÖTTLICHES Bewusstsein.

Weil Gott die einzige Wirklichkeit ist, hat nichts in der physischen Welt Macht über dich. Alles wird vom Bewusstsein gesteuert, denn Bewusstsein ist alles, was ist. Die spirituelle Evolution ist ein Prozess, und es ist nicht leicht, von der vertrauten Führung des Egos zum Hören, Sehen und Vertrauen in das Innere überzugehen. Habe den Mut, dich dem hinzugeben, was du bereits bist.

Du wirst niemals die vorhandene leise Stimme in dir hören, wenn du ständig mit Medien, Technologie oder rein äußeren Aktivitäten in Kontakt bist. Die spirituelle Evolution kann ignoriert, geleugnet und bekämpft werden, aber sie kann niemals aufgehalten werden, weil die Wirklichkeit der Eine Gott ist, der sich selbst als vielfältige Form und Einheit ausdrückt!

Der Glaube an die Trennung von Gott, von allen Menschen, Pflanzen, Tieren und allem Leben ist ein illusorischer Zustand.

Unsere Welt ist eine kleine Welt, aber sie ist wunderbar, so reich an Schönheit und auch an Traurigkeit und Leid. Die Erde ist ein spirituelles Universum, das von Söhnen und Töchtern Gottes bevölkert ist.

Die Erde ist der perfekte Ausdruck einer göttlichen Idee im Geiste Gottes, so wie jedes Individuum auch. Der Sinn und Zweck des Lebens auf der Erde ist es, selbst Schöpfer zu sein, unsere eigene schöpferische Kraft zu erfahren und zu erkennen. Du bist einzigartig und gut, genau so wie du bist. Du bist wunderschön, außerordentlich kostbar und wirst vollkommen geliebt, durch das Eine, von Gott, durch das Leben, das alles mit Einklang durchströmt!

«ICH BIN – ich bin ein Sternenkind, ich bin Gelassenheit, ich bin Leben, ich bin Liebe, ich werde mich niemals von irgendetwas manipulieren oder von irgendjemandem lenken lassen, wenn es nicht mein wahrer Wille ist!»

«Freiheit ist ein Zustand des Seins.»

Die Bhagavad-Gita spricht wunderbar über die Unsterblichkeit der Seele:

«Das SELBST wird nie geboren, noch kann es je vergehen, noch kann es, da es einmal besteht, wieder aufhören zu sein. Es kennt keine Geburt, ist ewig, unwandelbar und stets das

Gleiche, unberührt vom üblichen Ablauf zeitlicher Vorgänge. Es wird nicht vernichtet, wenn der Körper stirbt.»

«Alles ist Liebe, alles ist Freude, alles ist Frieden und alles ist Licht.»

Mögen Friede, Freude und Liebe dein Leben dauerhaft überfluten.

Namaste,
Allelia Joy

Allelia Joy ist ein Pseudonym. Fragen und Anregungen bitte per E-Mail an: allelia-joy@iaw.li

Weitere Bücher von Allelia Joy:

Meine Botschaft ist die Liebe

ISBN: 978-3-7519-2481-8

DhyanaYoga/Meditation
Der Weg zu innerer Ruhe und Gelassenheit

ISBN: 978-3-7392-2832-7

Nichts ist wie es scheint,
das Wesentliche ist unsichtbar: DhyanaYoga -
33 Meditationen für den Alltag

ISBN: 978-3-8391-9022-7

Lebe deine wahre Bestimmung:
Nur die Liebe zählt
Prema Yoga - Yoga der Liebe

ISBN: 978-3-7448-3464-3

Das Testament der Liebe:
Die Alchemie des Herzens

ISBN: 978-3-7481-8454-6

WHAT IS LOVE?
Was ist Liebe?
Jesus Christus – „Superstar"!

ISBN: 978-3-7504-7194-8

AVATAR – Das Erscheinen Gottes auf Erden
Liebe siegt immer!

ISBN: 978-3-7543-7491-7

Quellennachweise:

Alles ist Eins, Vaiyai R. Subramaniam, ReichelVerlag, Reifenberg 85 DE-91365 Weilersbach

In Wahrheit ist es einfach Liebe, Babaji, Halbig/Schnellbach (Hrsg.), KOHA Verlag, Almstr. 4, DE-84424 Burgrain

Christus – Das Lamm, Sein Zweites Kommen, Sathya Sai Baba, Rosenkreis-Verlag, Reinertstr. 6, CH-4515 Oberdorf

Der Geist, der in uns lebt – Der Weg zur Verwirklichung, Joel S. Goldsmith, Heinrich Schwab Verlag KG, DE-88260 Argenbühl-Eglofstal

Jemand lebt in dir – Durch Erkennen zur Liebe, Swami Omkarananda, Heinrich Schwab Verlag KG, DE-88260 Argenbühl-Eglofstal

Botschaften der älteren Brüder, Heft 1-6, Verlag UN, Postfach 1211, DE-87630 Obergünzburg

Die Adler – Botschaften aus aller Welt, Monats-Hefte, Verlag UN, Postfach 1211, DE-87630 Obergünzburg

Gedanken

Impulse

Gedanken Impulse

Gedanken Impulse

Gedanken  Impulse

Gedanken Impulse

Gedanken  Impulse

Gedanken Impulse